BEI GRIN MACHT SICH IHR WISSEN BEZAHLT

- Wir veröffentlichen Ihre Hausarbeit,
  Bachelor- und Masterarbeit

- Ihr eigenes eBook und Buch -
  weltweit in allen wichtigen Shops

- Verdienen Sie an jedem Verkauf

Jetzt bei www.GRIN.com hochladen und kostenlos publizieren

Philipp Rohde

Eine Analyse der Techniken der Bild Zeitung

GRIN Verlag

Bibliografische Information der Deutschen Nationalbibliothek:

Die Deutsche Bibliothek verzeichnet diese Publikation in der Deutschen National-
bibliografie; detaillierte bibliografische Daten sind im Internet über http://dnb.d-
nb.de/ abrufbar.

Impressum:

Copyright © 2012 GRIN Verlag GmbH
Druck und Bindung: Books on Demand GmbH, Norderstedt Germany
ISBN: 978-3-656-57630-3

Dieses Buch bei GRIN:

http://www.grin.com/de/e-book/266804/eine-analyse-der-techniken-der-bild-zeitung

Simpler Journalismus? Analyse der Techniken und Strategien der BILD Zeitung

Inhaltsverzeichnis

1. Einleitung

Die Berichterstattung der Bild Zeitung steht oftmals in der Kritik. Sie gilt als Zeitung, die sich lediglich auf den Verkauf konzentriert und keine Achtung vor der Gesellschaft hat. Als Zielgruppe gelten Menschen mit geringerem Bildungsstand. Die Berichterstattung wirkt primitiv und die Sprache ist einfach gehalten.

Es gibt viele solcher Behauptungen über die Bild Zeitung. Doch was liegt wirklich hinter der auflagenstärksten Zeitung Deutschlands, ist der Journalismus der Bild Zeitung wirklich so simpel? Welcher Techniken und Strategien bedient sich die Bild Zeitung und was für Ziele werden verfolgt?

Mit diesen Fragen beschäftigt sich die vorliegende Facharbeit. Im Verlauf der Facharbeit werden ich die sprachlichen und gestalterischen Merkmale der Zeitung untersuchen. Ich werde analysieren, welche Sprache in der Bild Zeitung verwendet wird und ob diese so einfach ist, wie es vordergründig erscheint. Zudem werde ich die Strategien herausarbeiten, die mit dieser Darstellungsweise verfolgt werden und beurteilen, ob sich Mittel erkennen lassen, die auf den Leser manipulierend wirken. Insbesondere werde ich auf die Wahl der Bilder und Schlagzeilen eingehen und untersuchen, welche Wirkung diese auf den Leser bzw. Käufer haben und welcher Zweck damit verfolgt wird.

Abschließend werde ich die Fragestellung, inwieweit der Journalismus der Bild Zeitung simpel ist, unter Berücksichtigung meiner neu gewonnen Erkenntnisse beantworten und die Ziele der Bild Zeitung erläutern.

2. Bild Zeitung

2.1 Äußerer Aufbau

Bereits durch den äußeren Aufbau der Zeitung soll Interesse beim Leser geweckt werden. Während allgemeine Tageszeitungen sachliche Überschriften und Bilder wählen, soll hier, gerade durch herausstechende Bilder und Meldungen, ein zusätzlicher Anreiz zum Kaufen entstehen.

Die Bild Zeitung bedient sich eines recht einfachen Aufbauschemas. Die unterschiedlichen Meldungen werden in einzelnen Kästchen auf die Seite verteilt. Den Mittelpunkt dieser Kästchen bildet jeweils eine überdimensionale Überschrift, die meist durch verschiedene Farbunterlegungen zusätzlich verdeutlicht wird. Inhaltlich wird diese durch weitere Unterüberschriften verstärkt. Hauptsächlich werden schwarze, rote und weiße Farbtöne gewählt. Diese heben sich sehr stark voneinander ab. Desweiteren findet man in den Kästchen aussagekräftige Bilder. Durch die Fülle an Informationen und die Masse an visuellen Effekten, entsteht für den Leser der Eindruck, dass sämtliche genannte Informationen wichtig sind. Der Leser kann vorerst nicht unterscheiden, welche der genannten Meldungen einen wirklich wichtigen Stellenwert hat.

Die Titelseite nimmt einen wichtigen Stellenwert ein, sie muss als Blickfang für den Leser wirken. Die Meldungen auf der Titelseite sind genauestens durchdacht. Meistens findet man hier eine Schlagzeile über ein Verbrechen oder einen Unfall. Der Zweck dessen ist es dem Leser Angst zu vermitteln. Gerade Gewaltverbrechen erzeugen beim Leser Neugierde, die letztendlich zum Kauf führt. Am 29.01.2011 beispielsweise ist die erste Meldung auf der Titelseite das Geständnis eines Mörders.[1] Die Titelseite der Zeitung enthält meist weniger Text als die übrigen Seiten. Sie gibt einen kurzen Überblick über den Inhalt der Zeitung. Ausführlich werden die Themen erst im Inneren der Zeitung behandelt.

Eine typische Ausgabe der Bild Zeitung setzt sich folgenderweise zusammen[2]: Lediglich 36% der Fläche wird für den Text gebraucht, 29% nehmen die Überschriften ein, 24% die Bilder und 11% der Fläche wird für Werbung verwendet. Es ist auffällig, dass der informationsüberbringende Teil der Zeitung, der Text, nur etwas mehr als ein Drittel der Zeitung einnimmt. Die Bilder und Überschriften belegen zusammen mehr als die Hälfte der Zeitung. Dies lässt auf die Verkaufsstrategie schließen. Der Leser soll vor allem durch großräumige Bilder und Überschriften dazu gebracht werden, die Zeitung zu kaufen. Außerdem muss der Leser sich nicht mit langwierigen Texten auseinander setzten.

In der Bild Zeitung wird, mit 11%, auffällig viel Werbung verwendet. Schon auf der Titelseite findet man meist einzelne Kästchen, welche mit Werbung gefüllt sind. Gerade

---

[1] Schneider, F.; in: Bild Zeitung vom 29. Januar 2011
[2] Folgende Prozent-Angaben sind entnommen aus: Thomssen; 2002; Seite 18

wegen der hohen Auflage der Bild Zeitung, ist die Werbung in der Bild Zeitung sehr begehrt und es wird eine hoher Umsatz erreicht.

2.2 Einsatz und Funktion von Bildern

Bilder haben in der Bild Zeitung einen sehr hohen Stellenwert. Jeder Seite ist überladen mit Bildern verschiedener Größe. Die Bilder stechen durch kontrastreiche Farben und extreme Darstellung hervor. Nahezu jeder Artikel wird mit einem Bild versehen. Zweck der Bilder ist die Verdeutlichung der Meldungen, das leichtere Verständnis und die Käuferwerbung. Herausstechende Fotos wirken als Blickfang für den potentiellen Käufer. Daher müssen die Bilder so gewählt werden, damit sie beim Käufer sofort Neugierde wecken. Die Wahl der Bilder lässt sich vor allem in zwei Kategorien aufteilen. Es werden Bilder gewählt, die Schrecken, Tod und Verletzung transportieren. Beim Käufer sollen durch die Bilder Ängste freigesetzt und Neugier erzeugt werden. Diese Bilder stammen meist aus Kriegs- oder Katastrophengebieten oder zeigen Verbrechen aus Deutschland. Auf den Bildern sind Menschen vorzufinden, die meist schwerverletzt und blutüberströmt sind. Es werden Fotos von Kriegsgebieten gezeigt, die die Zerstörung verdeutlichen. In der zweiten Kategorie findet man Bilder über die Gesellschaft. Meist findet man Fotos über die High Society oder über aktuelle Geschehnisse in der Politik. Die Bilder zeigen Menschen, die momentan stark in der Öffentlichkeit stehen und beim Leser Interesse wecken. Es wird hierbei keine Rücksicht auf die dargestellten Personen genommen. Zweck der Darstellung ist wiederum lediglich der Verkauf.

2.3 Analyse der Sprache

2.3.1 Sprachstil

Die Bild Zeitung hat im Laufe der Zeit einen eigenen Sprachstil erschaffen, typisch für diesen, ist der Gebrauch von einfacher Sprache und geringer Wortwahl.

In der Bild Zeitung herrscht kommerziell werbende Sprache vor. Diese prägt sich durch einfache Ausdrucksweise, die auf begriffliche Klarheit und Sachlichkeit verzichtet.[3] Die Sprache hat das Ziel der Leserwerbung. Man kann die Sprache mit wirtschaftlich-werbender Sprache vergleichen. Diese soll, ähnlich wie die Bildzeitung, den Konsum der Käufer erhöhen. Im Vergleich zu allgemeinen Zeitungen oder Fachzeitschriften, fällt auf, dass es in der Bild Zeitung eine deutlich geringere Anzahl an Wörtern gibt. Zudem werden Sätze oftmals sehr kurz gefasst um das Verständnis beim Leser zu erhöhen. Die Sprache ist nicht fordernd, schwierige Wörter werden weggelassen und durch leichtere ersetzt. Die Sprache passt sich dementsprechend dem Leser an. Dieser soll unterhalten werden, dies wird auch durch den Gebrauch emotionaler Sprache erreicht. Die Meldungen sollen den Leser emotional ansprechen. Oftmals wird auf das Schicksal von Einzelpersonen eingegangen, beim Leser entsteht folglich Mitgefühl für die Situation. Um Emotionen besser zu verdeutlichen werden häufig umgangssprachliche Mittel verwendet. Durch umgangssprachliche Mittel lassen sich Informationen anschaulicher darstellen. Vor allem durch die häufige Wahl von Interviews wird die Sprache vereinfacht. In Interviews wird die Sprache nicht zusätzlich erschwert.

Auch das Erfinden neuer Wörter gehört zu den Eigenarten der Bild Zeitung. Oftmals werden Spitznamen für Verbrechen erfunden. Beispielsweise die Bezeichnung „Schießplatz-Killer"[4]. Die Spitznamengebung lässt sich zur unterhaltenen Sprache einordnen, Spitznamen wirken auf den Leser amüsant. Spitznamen stehen im engem Zusammenhang mit der Auffälligkeit, das in der Bild Zeitung häufigerweise Bindestrich-Kompositionen gebraucht werden. Es werden Menschen mit Ihren Eigenschaften oder Besonderheiten durch Bindestriche verbunden. Beispielsweise die Bezeichnung „Schießplatz-Killer", oder der Spitzname „Pudding-König"[5], eine Bezeichnung für Richard Oetker.

---

[3] vgl. Mittelberg; 1970; Seite 12
[4] www.Bild.de$_1$
[5] www.Bild.de$_2$

2.3.2 Textaufbau

Die Bild Zeitung beschränkt sich meist auf sehr kurze Texte, die mit einer einfachen Sprachwahl und einem hohen Informationsgehalt einen Anreiz für den Leser bilden. Während in einer herkömmlichen allgemeinen Zeitung Texte so aufgebaut sind, dass die wichtigsten Informationen zu Beginn des Textes stehen und der Informationsgehalt stetig abnimmt, liegen in der Bild Zeitung die Informationen im gesamten Text verteilt. Ziel dessen ist es, dass der Leser nicht das Interesse am Lesen verliert. Zum Teil sind Texte so aufgebaut, das diese wie ein Kriminalroman wirken, um so den Leser durch Erzeugung von Spannungen am Lesen zu halten. Die Überschriften stehen hierbei im engen Zusammenhang mit dem Text. Die Informationen, die man in den Überschriften findet, verteilen sich auf den gesamten Text. Der Leser muss daher den gesamten Text lesen, um die Antwort auf die durch die Überschriften entstandenen Fragen zu finden.

Zudem ist anzumerken, dass die Texte lediglich vordergründige Informationen erhalten, die den Leser kurzfristig unterhalten sollen. Hintergrundinformationen, die Aufschluss über das Thema geben, sind nicht vorhanden. Auch die Wahl der Themen ist sehr einseitig und speziell. Es werden sogenannte „Human Interesst Storys" veröffentlicht. Dies sind Texte, die beim Käufer auf das größte Interesse stoßen. Informativere Texte über komplexere Themen werden meist weggelassen. Vor allem der Sportteil spielt in der Bild Zeitung eine wichtige Position. Die Zielgruppe der Bild Zeitung hat hohes Interesse an sportlichen Ereignissen, daher ist dieser Teil der Zeitung sehr ausführlich.

2.3.3 Schlagzeilen

Die Wahl der Schlagzeilen in der Bild Zeitung unterscheidet sich von denen einer allgemeinen Tageszeitung. Während die Überschrift einer Tageszeitung lediglich eine kurze und präzise Informationsübersicht über das Thema gibt, bilden die Überschriften der Bild Zeitung den Hauptleseanreiz für den Leser. Es gibt meist eine Hauptschlagzeile, auf die mehrere Unterüberschriften folgen, welche sich inhaltlich nicht unbedingt aneinander orientieren. Die Überschriften werden zum Teil in unterschiedlichen Größen gedruckt. Oftmals werden die Aussagewörter der Schlagzeile vergrößert, aus den vergrößerten Wörter lässt sich grob auf die Handlung der Meldung schließen. Die Schlagzeilen sollen sich in den Gedächtnissen der Leser festsetzten. Die Wortwahl fällt meistens auf einprägsame Wörter. Ein aktuelles Beispiel dafür ist die Schlagzeile, „Horror-Beben in Japan"[6]Das Wort „Horror" soll auf den Leser beängstigend wirken und die Schwere des Erdbebens verdeutlichen.

Die Schlagzeilen der Bild Zeitung haben keine Satzstruktur. Ziel ist es, mit möglichst kurzen Sätzen eine hohe Aussagekraft zu erreichen. Es wird vor allem aus Platzgründen auf Wörter verzichtet und zudem um einen schnelleren Informationsüberblick zu geben. Bild Schlagzeilen haben einen Wortumfang von einem bis zu sieben Wörtern, 43% der Schlagzeilen haben zwei Wörter und 15% jeweils drei oder vier Wörter. Im Durchschnitt liegt die Anzahl bei vier Wörtern. [7] Wegen der geringen Anzahl an Worten werden oftmals Artikel oder Satzteile weggelassen. Ich werde dies an folgendem Beispiel erläutern.

„BÜRGERKRIEG IN ÄGYPTEN

TOTE IN DEN STRAßEN VON KAIRO +++ MILITÄR HAT SCHIEßBEFEHL +++ INTERNET BLOCKIERT +++ POLIZEIZENTRALE BRENNT"[8]

Die chaotische Anordnung der verschiedenen Überschriften und die bedrohliche Aussage dieser, soll auf den Leser angsteinflößend und verwirrend wirken umso letztendlich die Neugier zu steigern. Für den Leser ergibt sich eine Masse an Fragen zum Thema, auf die der anschließende Text anscheinend eine Antwort geben wird.

Als Schlagzeile fungiert hier die Aussage „Bürgerkrieg in Ägypten". Man erkennt deutlich das Weglassen der Satzteile. In dem Satz ist kein Prädikat und keinen Artikel vorhanden. Durch die einfache Formulierung soll jeder Leser augenblicklich einen Überblick über die Situation bekommen. In den darauf folgenden Unterüberschriften erkennt man erneut diese Vorgehensweis. So fehlt bei der ersten Überschrift wiederum das Prädikat und bei den weiteren Überschriften fehlen jeweils Artikel.

Vergleichend hierzu kann man die Überschrift der Oberbergischen Volkzeitung zum selben Thema sehen.

---

[6] www.Bild.de$_3$
[7] vgl. Richter; 2004; Seite 77
[8] Kluckert,M.; in: Bild Zeitung vom 29.Januar 2011

AUCH EINE INTERNET- UND MOBILFUNKBLOCKADE KANN SEINE GEGNER NICHT STOPPEN"[9]

Während es in der Bild Zeitung vier Unterüberschriften gibt, beschränkt man sich hier auf lediglich eine. Es fällt zudem auf, dass die Aussage weniger bedrohlich wirkt, stattdessen eher sachlich. Desweiteren werden hier vollständige Sätze gebraucht und es werden keine Artikel weggelassen. Ziel der Überschrift hier, ist es weniger, einen Anreiz für den Leser zu bilden, es soll vielmehr eine kurze Informationsübersicht gegeben werden. Zudem ist bei der Bild Zeitung auffällig, dass Überschriften zum Teil in unterschiedlichen Größen gedruckt werden. Oftmals werden die Aussagewörter der Schlagzeile vergrößert, auf diesen soll ein besonderer Fokus liegen. Aus den vergrößerten Wörtern lässt sich grob auf die Handlung der Meldung schließen.

2.3.4 Rhetorische Figuren

Die Sprache in der Bild Zeitung wirkt häufig sehr simpel und wenig anspruchsvoll, da die Zielgruppe der Bild Zeitung vor allem in weniger gebildeten Menschengruppen liegt. Trotzdessen hat die Bild Zeitung eine hohe Bandbreite an rhetorische Figuren. Vor allem sprachliche Bilder sind in den Texten zu finden. Aber auch weiter Stilmittel werden verwendet, wenn diese für den Verkauf hilfreich sein könnten. Eine Meldung aus dem Jahre 2006 z.B. hat den Titel, „Klinsi killt King Kahn"[10]. Die Alliteration steigert das Interesse beim Leser. Auch ein meist verwendetes stilistisches Mittel der Bild Zeitung, ist die Verwendung des Wortes „Wir". Die Bild Zeitung will mit der häufigen Verwendung des Wortes „Wir" das Gemeinschaftsgefühl der Leser ansprechen. Das bekannteste Beispiel hierfür ist die Schlagzeile, welche zur Wahl des Papstes Benedikt XVI erschien: „Wir sind Papst"[11]. Durch die bildhafte Sprache in der Bild Zeitung soll das Textverständnis erhöht werden. Zudem setzten sich neu gebildete Wörter meist in den Gedächtnissen der Leser fest und wirken so als zusätzlich nachwirkende Werbung.

---

[9] Reik, A.; in: OVZ vom 29 Januar 2011
[10] www.Bild.de$_4$
[11] www.Bild.de$_5$

2.4 Einfluss und Zielgruppe

Die Bild Zeitung ist die größte Tageszeitung Deutschlands. Durch die Analyse von Marktforschungsstudien lässt sich die Zielgruppe der Bild Zeitung feststellen[12]. Ca. 18% der Gesamtbevölkerung Deutschlands geben an, die Bild Zeitung regelmäßig zu lesen. Von den Lesern sind 63% Männer, diese haben meist Hauptschul- oder Realschulabschluss(78%) mit anschließender Lehre. Von den Bild Lesern sind 25% Rentner und 63% Berufstätige. 70% der berufstätigen Leser sind Facharbeiter oder einfache Angestellte. Lediglich 5% der studierten Bevölkerung gibt an , regelmäßiges Bild Zeitung zu lesen. Vom Alter her kann man die Zielgruppe nicht bestimmen, aus sämtlichen Altersschichten gibt es Leser. In Norden Deutschlands gibt es tendenziell mehr Käufer als im Süden.

Obwohl der Großteil der Zielgruppe einen niedrigeren Bildungsstand hat, hat die Bild Zeitung einen sehr hohen Einfluss auf die Gesellschaft. Durch geschickte Veröffentlichung von Informationen oder Daten kann die Bild Zeitung das Meinungsbild der Leser beeinflussen. Es ist bekannt, dass die Bild Zeitung in der politischen Diskussion die CDU sympathisiert. Gerade in Wahlkämpfen nutzt die Bild Zeitung ihren Einfluss, um indirekte Wahlwerbung durchzuführen.

3. Bewertung/ Fazit

Zu Beginn der Facharbeit habe ich die Fragestellung aufgeworfen, inwieweit man die Darstellung der Bild Zeitung als simplen Journalismus bezeichnen kann. Diese werde ich nun abschließen beurteilen.

Qualitativer Journalismus soll aktuelle Geschehnisse objektiv darstellen und zur gesellschaftlichen Meinungsbildung beitragen. Es stellt sich nun die Frage, geschieht dies in der Bild Zeitung?

---

[12] Folgende Prozentangaben sind entnommen aus der Marktanalyse des Axel Springer Verlages aus dem Jahre 2011

Die Bild Zeitung stellt keinesfalls Geschehnisse objektiv dar. Es werden ausschließlich Meldungen gewählt, die sich auf den Verkauf am besten auswirken. So gibt es viele Berichte, die für die Gesellschaft vollkommen unnütz sind. Auch die Darstellungsweise zeigt keinen qualitativen Journalismus. Es gibt viele Bilder, kurze anspruchslose Texte und wenige Informationen. Die Schlagzeilen gelten lediglich der Käuferwerbung. Auch wenn sich zwischen den Schlagzeilen und Texten einige sprachlich, stilistische Mittel finden lassen, durch die der Anschein entsteht, der Text sei anspruchsvoller, kann nicht die Rede von einem qualitativen Journalismus sein. Die Bild Zeitung nutzt simplen Journalismus. Diesen nutzt sie jedoch nicht wegen mangelnden Fähigkeiten der Redakteure, sondern als durchdachtes Verkaufsprinzip. Es werden alle Möglichkeiten ausgeschöpft um die Verkaufszahlen zu steigern, auch wenn dabei guter Journalismus zurückbleibt. Die Bild Zeitung soll den Leser unterhalten, durch die einfache Sprache wird gerade die Zielgruppe, der Menschen mit niedrigerem Bildungsstand angesprochen.

Trotz dessen ist die Strategie, in Hinblick auf den Verkauf, genial. Es werden alle Möglichkeiten genutzt, um neue Leser zu werben wie durch Bilder, Überschriften etc. Die hohe Auflage zeigt, dass diese Verkaufsstrategie Erfolg hat. Die Bild Zeitung wird optimal vermarktet und ist aus diesem Grund die auflagenstärkste Zeitung Deutschlands.

Auch wenn kein qualitativer Journalismus hinter der Zeitung steht, trägt sie zur allgemeinen Diskussion in der Gesellschaft bei.

4. Literaturverzeichnis

Bücher:

MITTELBERG, Ekkehart (1970): Sprache in der Boulevardpresse; Klett Verlag; Stuttgart; 40 Seiten

RICHTER, Susanne (2004): Bild dir deine Meinung oder Wissen LVZ Leser doch mehr? Pressemitteilungen der Polizeidirektion Leipzig und Ihre Behandlung durch die lokalen Printmedien. Analyse der Leipziger Volkszeitung und der Bild Zeitung; Grin Verlag; Norderstedt; 253 Seiten

SANDIG, Babara (1972): Bildzeitungstexte. Zur sprachlichen Gestaltung; In: Rucktäschel, Annemarie (Hg., 1972): Sprache und Gesellschaft; Wilhelm Fink Verlag; München; 405 Seiten; darin Seite 69-80

THOMSSEN, Wilke (2002): Die Schein Öffentlichkeit der Bild Zeitung der 50er Jahre; Grin Verlag ; Bremen; 97 Seiten

Zeitungen:

Bild Zeitung Köln; Ausgabe vom 29.01.2011;
Oberbergische Volkszeitung; Ausgabe vom 29.01.2011;

Internet:

www.bild.de$_1$:
http://www.bild.de/BILD/news/2011/03/06/genthin-raetselraten-motiv/dreifachmord-waffe-schusswaffen-zugang.html [Abgerufen 13.03.2011]
www.bild.de$_2$:
http://www.bild.de/BILD/politik/wirtschaft/2009/12/28/der-neue-pudding-koenig/generationswechsel-bei-dr-oetker.html [Abgerufen 13.03.2011]

www.bild.de$_3$:

http://www.bild.de/BILD/news/2011/03/12/folgen-eines-bebens/fuer-

weltwirtschaft.html [Abgerufen 16.03.2011]

www.bild.de$_4$:

http://www.bild.de/BTO/sport/wm2006/aktuell/04/08/lehmann-nummer-eins/lehmann-

nummer-eins.html [Abgerufen 16.03.2011]

www.bild.de$_5$:

http://www.bild.de/BILD/news/2010/04/15/papst-serie-bild-privat-audienz/hg-

schlagzeile/die-geschichte-schrieb-wir-sind-papst.html [Abgerufen 16.03.2011]

Sonstige:

Marktanalyse der Axel Springer Ag 2011 durch die Arbeitsgemeinschaft Media-Analyse